AF599961

GRAFFITI

POESÍA

HUERGA & FIERRO EDITORES

HUERGA Y FIERRO EDITORES, S. L. U.
C/ SEBASTIÁN HERRERA, 9
28012 MADRID (ESPAÑA)
TELÉFONO: 91 467 63 61
E. MAIL: huerga@huergayfierro.com
WEB: www.huergayfierro.com

PRIMERA EDICIÓN
2024

DISEÑO DE ÁNGEL LUIS VIGARAY

DEPÓSITO LEGAL: M-10351-2024 — I. S. B. N: 978-84-128506-9-7
IMPRESO EN ROMADAC Industria del Libro.
IMPRESO EN ESPAÑA

CUARTO MENGUANTE

Pablo Jiménez

CUARTO MENGUANTE

PABLO JIMÉNEZ

Prólogo
JAVIER MAGANO

GRAFFITI

HUERGA & FIERRO EDITORES

PRÓLOGO

Ulises puede elegir con Calipso entre la inmortalidad y la tierra de la patria. Elige la tierra y, con ella, la muerte. Una grandeza tan sencilla nos resulta hoy ajena.

ALBERT CAMUS

Pide que el camino sea largo.

KAVAFIS

I

Cuenta Homero que, al partir de la tierra de los feacios, sobre Ulises «se posó un dulce sueño, profundo y suave que se parecía a una muerte tranquila». En su travesía de regreso a Ítaca, que dura ya diez años, padece la nostalgia de quien comprende que, en tal viaje, ha consumido el tiempo de una vida «anhelando el regreso y a su esposa»; que, finalmente, habrá de arribar a puerto, tal y como la sombra de su madre, Anticlea, le había profetizado: «Lejos del mar morirás, mas llegado ya a una placentera vejez».

Lo que Ítaca haya simbolizado y lo que esa odisea resulte significar constituyen el drama de una existencia cuya pregunta, más allá de todo ardid evasivo, habremos de responder, pues, como nos recuerda el verso de Kavafis: «Ítaca te brindó un hermoso viaje./ Sin ella no habrías emprendido el camino»; sólo que aquello que desvelaremos al término de esa aventura llamada vida —al precio de una pérdida irremediable— se tornará siempre inalcanzable, oculto tras la apariencia persuasiva de sus sombras, siendo principio y fin, origen primigenio e imagen última cuyo horizonte nos ha hecho retornar; realidad idealizada de la que regresaremos «ricos en saber y en vida», pero también más heridos, acaso melancólicos; sin duda desengañados.

II

«¿Cómo surcar los mares de la noche,/ adónde regresar y para qué,/ quién aguarda mis pasos/ tras los áulicos muros, de qué boca/ será rehén mi nombre o qué ceguera/ me librará del resplandor que prende/ la utópica primera luz del día?», se pregunta Pablo Jiménez en el primer poema que lleva por título, precisamente, el nombre de aquel que es Nadie. *Estas palabras, que podrían haber sido pronunciadas por Ulises, encarnan, como trasunto del héroe griego, el desafío del hombre contemporáneo —sirve decir de todo tiempo y lugar—, figurando, como aquellos que la tradición legitima: Edipo, Prometeo, Orestes, etc., el drama propio que nos acoge, pues «un destino trágico», como Borges dejó escrito, «vale más que un destino dichoso»; anteponiendo así el hecho estético al crédito de la razón postrera en la que se funda toda experiencia. Quede, pues, la inmortalidad para los dioses, la belleza transitoria de la vida —única posible—, como gloria y testimonio de la aspiración con que vivimos.*

III

Si en Cuarto menguante, *título de la obra que nos ocupa, la experiencia fundadora del sujeto poético parte de la tradición grecolatina, tal y como constatamos en algunos poemas: "Ulises", máscara inicial que alumbra la singladura interior del poeta; "Jano Bifronte", hermoso ejercicio de reflexión especulativa, cuyo tema, apoyado en el carácter dual de esta deidad romana, aborda la duplicidad del yo; "Eterno retorno", reflexión admonitoria cuyo motivo parte de la nostalgia que aquejaba a los héroes griegos; "Orestes tiene algo que decir", elucidación apócrifa del héroe de la trilogía esquiliana que lleva su nombre; "Némesis", dolorida confesión —y simulacro de venganza— de un amor no correspondido; o "Últimas palabras", a vueltas con un Odiseo que reniega del destino que le aguarda y de una identidad que no logra ser designada por el verbo que la precede; no menos importante resulta destacar su honda perspectiva existencialista: "Prosas confidenciales a José A. Cáceres...", poema que, a propósito de un retrato de juventud, evoca un tiempo ya pretérito —feliz arcadia interior— y el cruel desengaño presente; "Milagros", donde se reúnen, a modo de singular fulguración, dos realidades artísticas: la película* El matrimonio de María Braun *de Raine Werner Fassbinder y el tema musical* Me and Bobby McGee *de Janis Joplin, que atraviesan al poeta y lo hacen partícipe de un drama que no sólo prefigura la muerte, sino que la vuelve efectiva como trasunto cruel del desamor a través del suicidio. Con "Post scriptum", incluido en "Dramatis personae", segundo apartado de la sección primera del libro, "Recóndita deriva", llegamos al ecuador de la obra. Este poema funciona como antesala de lo que se desarrolla en "Travesía del sueño", sección segunda que configura el universo onírico del poeta, ahondando en la particular relación que se establece —con la presencia obsesiva de la noche— entre la realidad soñada y la vigilia; constatando así que «el sueño» —como dejó escrito Gérard de Nerval— «es una segunda vida», y que, tal vez, no cabe sino soñar el mundo que habitamos, pues su irrealidad tangible confiere una extraña materialidad a la vida de que es soporte, punto de evasión o fuga, utopía final.*

Oficio del poeta:
transitar
la utopía, quemar vida y pestañas
al acecho de umbrátiles
palabras que persigan franquear
los ojos de la noche y entreabrir sus postigos,

adormir desde seda
y un algo de penumbra lo excesivo
del grito de la luz,

establecer
morada en la frontera de los nombres
sin concederles
otro valor que el mero de su máscara,

rendirse a la certeza
de las incertidumbres,

abrasarse
de pura soledad,

latir
a contravida…

Queda así expresado el pathos *trágico en que se funda toda experiencia poética: rebelión prometeica y deudora de su artificio —«Tenemos el arte para no perecer a causa de la verdad, Nietzsche* dixit—, *que no transige con la vida y el orden normativo de sus convenciones, sino que está más allá de la vida; esto es, la trasciende y eleva por medios del Arte para afirmar el sentido que el poeta atribuye a la existencia, pues la Verdad «lo arrojaría en brazos de la aniquilación y la desesperación»:*

…porque
decidme: ¿con qué arma podremos enfrentarnos
a la Verdad,
a su sangriento dogma y convenido,
a su áulica sevicia, a su hedionda
impostura y añeja satrapía,
sino con la insumisa, la flamígera,
la felizmente ingobernable espada
del Arte y la blasfemia
luminosa en que funda
todo Arte verdadero su valor?

La ficción —o mentira *vital— que procura el Arte cumple así con su papel liberador en la medida en que hace entrar en juego al Espíritu, haciéndolo partícipe de una ilusión fundamental: la de dotarse de un universo propio y lleno de sentido. Lucidez imaginativa y embriaguez intuitiva coexisten bajo su forma dialéctica y actúan como vertebradores de la realidad poética que enfrenta la muerte a través de sus máscaras. El mundo como representación de lo soñado adquiere entonces su auténtica dimensión significativa, pues a la racionalidad de la inteligencia apolínea le opone la ciega voluntad dionisíaca, procurándole un punto de fuga a la conciencia trágica de la existencia.*

IV

El sueño ya no abre una azul lejanía.
W. BENJAMIN

Es por eso que el sueño, ojo interior de la conciencia, circunnavegación de lo desconocido, travesía que persigue un horizonte imposible, nostalgia de un ámbito cegado, figura un mar de solitarias lentitudes que aspira a lo Absoluto. Adentrarse en él —mar o sueño— es hundirse en los abismos de lo insondable donde cabe toda especulación, donde toda especulación condesciende al impulso ambivalente que lo origina y evoca la otredad que habita en cada hombre —«diluyendo», como apuntó Novalis, «la existencia ajena en la propia»—:

Aguamarina transitable,
hipocampos absortos
al trasluz de cristales sensitivos,
ojos como al acecho en las hipnóticas
cavidades marinas:
he llegado a soñar
en vosotros la estela de mi nombre,
la ráfaga de luz a que debía
vincular mi destino, mi fe, mi otra manera
de ser.

He buscado en vosotros
con mi palabra la palabra oculta,
el fulgor encriptado que tantos persiguieron
para acabar cegando.
                                        Y no,
no resultasteis
sino parte de un sueño donde fueron
alquimia de silencio lentos peces
y quimeras azules.

*El fondo de esa experiencia asimila el mar a la noche —*imago mortis *del poeta— como depositaria del sueño, encarna cierta forma de anegamiento y desposesión, deriva alucinada reflejándose a sí misma a través de lo insomne, en la que, sin embargo, se intuye una declarada voluntad de afirmación, aunque sujeta siempre a un devenir oscuro que desemboca en la muerte y el olvido:*

            Este poeta
pretende que los ríos
regresen, que remonten su deriva,
que vuelvan a nacerse en su alfaguara.

Basta. No más locura. Que desfilen
por la mirada lunas y estaciones,
ríos hacia la mar,
criaturas a su liberadora
muerte. Que alcen la voz
las piedras mudas y le griten
al poeta
            ¡La patria
de la palabra es el silencio!

V

Lo Blanco, ámbito espectral y sonámbulo, categoría ontológica que figura el silencio definitivo, *aparece estrechamente vinculado a la noche como forma oculta y desvelada de una conciencia en tránsito hacia una muerte soñada. El acontecimiento del ser vuelto hacia su fin, del* ser para la muerte, *participa de la posibilidad de nombrarse y determinarse en cada una de sus representaciones. La muerte adquiere así el rostro de lo ajeno-propio desplegándose en una especularidad temporal que reúne presente, pasado y futuro en una sola visión trasnochadora:*

El tiempo
se detiene en la almendra de la noche,
es muda opacidad
que no permite tránsito,
se alcoba
en el desvelo del durmiente…
le tunde y desocupa,
encabrita sus potros y los deja
sueltos a su locura y sin gobierno.

Este ser-de-lo-Blanco opera el tiempo de la muerte y lo hace efectivo a partir de una imaginería que comparece en muda procesión de fantasmas —recuerdos—, donde se obstinan y contienden múltiples ensoñaciones, adquiriendo, como si de un estado febril se tratara, un carácter delirante:

Blancura, yermo
de mis noches transidas
de espectros aguamares
(míralos
ahí, ahí, ahí, acumulándose,
largura de gusanos traslúcidos, inquietos,
hablándose y mirándome,
como desde el albor
hondísimo de un pozo).

Es en ese momento cuando las imágenes del pasado surgen de manera involuntaria sucediéndose y «relampagueando» —así lo constata W. Benjamin— «en un instante de peligro». La radicalidad que adoptan estas visiones confiere a la escena un sentido ominoso y abocan al poeta a un estado de perplejidad alucinada del que busca salir invocando sus lunas interiores:

Lunas, iluminad
las cavidades del insomnio, sedme
lisura en el embozo, calidez
en la mano que fuera de las sábanas
abandonada dejo a su desmayo.

La deriva de ese tránsito onírico hacia el pasado —retorno al origen— provoca un estado de orfandad y desvalimiento. Lo Blanco —la muerte— adopta el rostro de una madre temida y deseada, haciendo extensible su blancura al territorio interior de lo soñado y situando al poeta frente al enigma de su existencia:

Madre,
temida y dulce madre,
palabra palpitante en la cal viva
de cada noche de mis noches,
madre
que me devoras y amamantas
con leche y fuego,
¿nunca
me dejarás salir del calabozo
de tu vientre,
me harás
nonato vegetar en la clausura
de tu secreto tabernáculo?

El sueño de lo Blanco condesciende entonces al deseo del poeta y reúne en una sola mirada anhelo y sumisión, absolución y condena de lo que pudo ser y no fue sino en la propia ensoñación:

...si me atreviese a fabular
un mar de nadie para mi odisea,
un exclusivo mar de vientos favorables
preñándome las velas de esta nave nocturna
que soy...

....ah, si ese mar
me fuera concedido,
...¡y si yo fuera
—absuelto al fin de ti—
capaz de aventurarme a navegarlo!...

Se precipita así el curso de los acontecimientos que hacen del poeta un barco a la deriva y, desarbolado, lo abandonan en medio de la tormenta: «Crujen mástiles, jarcias, aparejos. Ninguna/ tripulación espera qué. No hay/ timonel ni gobierno...»; trance en el que, paradójicamente, cabe la posibilidad de conciliar vida y muerte a través de la lucha irredenta que tiene en el amor —he ahí el sentido del retorno— *puesta su esperanza. Horizonte final en el que se obstina toda singladura y justifica el precio de una vida que todavía, y pese a los dioses, hace valer —fuego que unos huesos vinculan— su luz en la oscuridad de nuestra noche.*

JAVIER MAGANO

Primer cuaderno

RECÓNDITA DERIVA

¿A qué piensas, barquilla,
pobre ya cuna de mi edad primera,
que cisne te conduzco a esta ribera?
A cantar dulce y a morirme luego.
Si te perdona el fuego
que mis huesos vinculan, en su orilla
tumba te bese el mar, vuelta la quilla.

Luis de Góngora, Soledad segunda

I. ONÁN EN SU LABERINTO

ULISES

¿Cómo surcar los mares de la noche,
adónde regresar y para qué,
quién aguarda mis pasos, de qué boca
será rehén mi nombre o qué ceguera
me librará del resplandor que prende
la utópica primera luz del día?

La Noche es mi batalla, mi otredad,
mi patria oscura, traspasada
de nombres que me amaron,
de miradas y voces
que aún frecuentan
el sagrario del ojo donde hinca
sus alfileres el insomnio.
Vienen y van sus aguas procelosas
con sus oblicuos peces, con
sus medusas voraces
olfateando
mi sangre. Sus hostiles leviatanes
asedian un medroso
corazón navegando
la soledad de mis arterias,
arrasan fortificaciones
abandonadas a su suerte. Sienes
atormentadas dejo
posar, vencido, en la almohada, siento
caer pesadamente sobre
sábanas enemigas
este costal de estériles afanes
que a duras penas cargo y me soporta.

En tal indefensión se multiplican
mis ayeres hostiles y mis yoes
culpables. Saben
muy bien cómo vencerme, yo les hice
sabios. Y siempre acabo
desplomado en el porche
del sueño, acurrucado en el regazo
de una madre fingida. Y siento cómo
diluvia sobre mí una como dulzura,
una especie de ausencia, de ingravidez, un otro
de mí que ya no duele.

Y fabulo que duermo, abandonado
al azar de un opuesto
del que esperar no cabe sino daño.
Y me doy a pensar *¡Si nunca despertase!*
Y luego *¡Si este sueño borrase mi memoria!*
Y luego aún *¡Si no viniese el día!...*
Y luego luego
el tiempo inmensurable, inmune ya
a cualquier escrutinio, diluviando
sobre mi más recóndita deriva...

Tras una eternidad de apenas un segundo
abro los ojos. Claridades
ondulan los visillos. Otra vez amanece.
No es mar la noche, mar soy yo. La noche
es sólo un barco hostil de quilla airada
que me hiende y navega.
No esperéis
gran cosa de este insomne
que en lengua muerta escribe
de su muerte diaria. El día de mañana
es este y acontece
mostrándome a la luz espantajo y longevo.

¿Qué me espera? Conceptos y palabras,
obsceno revoltijo requiriendo
toda mi inútil atención. No queda
razón para soñar. Antifonales
y sálmicas querellas
solemnizan el arte de tejer artificios
en tanto la mañana fagocita
la urdimbre de mi hastío.
Y, sin haber logrado
llegar a puerto alguno, habrá la tarde uncido
al yugo de su lumbre desinente
la inanidad en que gasté mis horas.

Adiós, espejos, números,
hipérboles estériles, parábolas,
soledades, adiós.
Ya está la noche aquí después de todo,
mar encrespado
de inhóspitas preguntas. Otra vez
no sabré navegarla. Y, si es ella la nave
y el agua yo, tampoco
eludiré su quilla en mi costado.
Dolor en todo caso: incandescencia
donde, a fuerza de arder, acaba uno
sospechando que vive.
Adiós, palabras,
adiós. Ineludible
y arduo es el lecho
que, ni neutral ni en vano, me reclama.

Él sabe...

TRANSFIGURACIÓN

a)

¡Percepción selectiva,
madre dios de nosotros, cálidas piedras
que portamos, alzado y escondido,
un corazón que nunca duerme!

¿Dónde o qué la Belleza sino en la afinidad
de la mirada con que la sabemos,
de nuestros labios susurrándola,
del tacto con el que la iluminamos?
¿Qué rosa lo será
sin el imán de nuestros ojos?

En tanto que sujetos imperando
en el vértice astral de la pirámide,
alma somos sin límite y morimos
de muerte ilimitada,
creando cada objeto que miramos.

Lo que a la vida el agua somos a la Belleza.

y b)

Percepción subjetiva,
¡qué sutilmente creas y destruyes
lo extramuros de mí, cómo iluminas
las praderas ocultas
donde mi soledad serpea, qué
recóndita modula en mí la música
que llueves y qué rara
excelsitud confieres a quien vive
desovillando el hilo de sus horas!

No más dudas, arcilla donde alienta mi nombre.
Disuélvete en la luz de este abril que derrama
lentitudes celestes, abandónate
al aire de las alas que no soñaste en vano,
surca tus cielos interiores.

Ícaro volarás, piedra amante y herida,
sin otras alas que tus alas
en el vértigo azul de tu derrumbe.
Ángeles ciegos derivados
de tus oscuras soledades
reunirán, genuflexos, las plumas de tu hazaña.
Sin lágrimas. La Muerte,
señora de los límites, será
laurel para tu sueño. No la temas,
barro mortal: por ella,
solo por ella
merecemos la envidia de los dioses.

QUIÉN

¿Cómo, que el singular no sangra ya
de su dilecta herida,
que es ya gota de agua en el caudal,
garbanzo como tantos en la olla?
¿No le apunta
dedo conminatorio ni le enfrenta
mirada torva alguna?
Todos
le aluden complacidos.
Es de los nuestros verborrean
idénticos de idéntica sonrisa,
mirándose en los otros como quien
se mira en un espejo.
Pero cuando anochece
y la grey se arrejunta en el húmedo aprisco,
él vela,
alza su vuelo en el redil oscuro
y sueña que edifica
su libertad desde su solo nombre
brotando de su herida como
de sí propia la luz,
sin otra voluntad que el puro anhelo
de ser.

¿Quién es *nosotros*?
Nadie responda. Juegue
su albur el pensamiento de manera
que transgredan la bruma del silencio
el soliloquio y su polifonía.

Si he de sobrevivir, que sea desnudo
en el regazo
y el humo de los días aventados
en que me transcurrí,
en el despojamiento
donde es madre el olvido.

Y así este Quién,
desvinculado, cebo y presa
de insomnio y medialuz,
quebranta el interdicto de la puerta
y franquea el umbral aventurándose
por el vasto edificio de la noche
y sus pasillos laberínticos
sin otro itinerario que el azar.
Y, abandonándose
al aura de sus cielos interiores,
arde como acostumbra:
lobo y solo.

JANO BIFRONTE

Al referirme a ti acude a mi memoria
la caricia en la frente de la primera brisa
del primer mar que tuve
delante de los ojos. Supe entonces
que ante mí se encendían dos paisajes
distintos, dos maneras
de enmudecer en la contemplación,
dos singularidades divergentes
desde el latir de un alma sola.
El mar y tú: la misma
revelación. Y el yo como frontera.
Y la constatación del niño que se iba
definitivamente
sin siquiera volverse para darme su adiós.

Mi espectro sabe todo
de mí;
cómo invocarme, cuándo
no valgo para el no, con qué torcer
el curso
de mis predilecciones...
A veces
me evoca dulcemente —el muy cabrón—
y claro, quién se niega, y menos yo,
varón y tan pasivo. Qué pereza
ponerme a estas alturas
a calcular una estrategia. No,
mejor así, dejarlo estar, al fin
soy yo de cualquier modo aunque a menudo
parezca

paisaje de mí mismo,
ahí afuera, a tiro de mis ojos, espejo:
un otro yo mirando con los suyos
fijamente a los míos.

En realidad
soy simple, me conformo
con ir viviendo, trato
de no estorbar, soy casi llevadero,
me encierro en mi cuartito,
donde mis libros y mis sellos,
y paso allí las horas enredando
con esto y con lo otro,
escribiendo si puedo o no escribiendo, en fin...

A la concreta luz de un flexo
sobre la mesa del pecé,
estoy en la salita extravagando
conceptos y palabras, nada pues,
distrayendo la tarde, suponiéndome
alimento del otro y espejismo
de mí. Luego concluyo
qué estéril mi quehacer, qué estéril todo,
y salgo
de word y entro en la red y me someto
a la pulsión de la pornografía
y alguna otra memez, jinete a lomos
de un convulso ratón. Y todo para
tratar de no sentir cómo discurren
sin provecho las horas.

Él sin embargo
se apodera de mí, afila su silencio
y viene y me lo clava y me hace sangre
y casi no me duele: la restañan
al punto sus-mis labios.

Y me susurra
banalizando la distancia
que nos hiende y allega,
desmiente la otredad donde yo y yo
coexistimos sin ira.
Teje una suerte
de música que llega a vulnerarme,
vuelve nada y dolor el curso de mis días,
me desplaza y aleja de mis manos
mientras siento las suyas en mi frente.
Y sé que no soy mío
si a suyo no me avengo. Me imagino
viajero y soy viajero
por confines anónimos que ignora
mi voluntad pero la suya sabe.
De lo soñado sorbe
lo más inmaculado y me acompaña
sin hacerse notar. ¿Qué reprocharle
a sombra tan discreta?

Otras veces me dicta sus especulaciones
a modo de cadencia
y sus palabras derivadas
van brotando de mí, por los arroyos
de mis dedos fluyendo. Las conduce
mi mano como suyas,
las fija en negro sobre blanco
y no,
no son mías y no las siento mías.
Porque ellas reverberan, solas,
exentas, absolutas,
verbos de pura plata
transverberados
de un súbito fulgor. Y me derrumbo
en ellas como
un pájaro en la ciénaga, lastrados vuelo y vida
de una posta certera.

Mas la belleza es acontecimiento
del espíritu, brisa
incapaz de matar: eso aprendí
en el discurso de mi vida.

¿Y qué, si las palabras,
si el aliento, el ventalle
que las hace volar, si la esperanza
de renacer en ellas no procura
sino silencio y frustración?
¿Es que vamos
a culpar a la carne de abandonarse al tacto,
de eludir el desánimo?
¿Quién
condenará la mano
que seda y acaricia?
Nadie conseguirá que me avergüence
de haber urdido un todo femenino
a medida de mi desvalimiento,
de haberlo amamantado
en el desasosiego de mis noches
ni de haber fabulado
en la bullente poza de mis ojos
un ámbito de cálida clausura
donde dejar que vayan
envejeciendo en paz y célibes mis sueños.

Una vez de mi mano y con mi sangre
trazado el palimpsesto,
se acredita y constata
la condición artera de mi sombra
—si extramuros de mí— que de lo escrito
se adueña rubricándolo
con la firma y el trazo que acostumbro.
Y emerge una
alteridad alzándose
en forma de palabras obstinadas

en ser mías y solamente mías
—si no es que ya mi ajeno me ha hecho suyo—,
contra mí pronunciadas
por mor de mi contrario que me ama
cuanto yo me aborrezco y viceversa.

Hubo un tiempo... Viví, no lo he soñado.
No eras aún ni yo tenía sombra
con la que debatirme.
Las horas y una mano
sobre mi frente húmeda
al despuntar el día.
'Ha bajado la fiebre' *susurraba la voz*
sedando mi fatiga. Y se alejaba
para volver al punto con la taza humeante
de miel y camomila.
'Incorpórate' *dice y siento frío.*
Paciente luego y delicadamente
me va quitando poco a poco
la cataplasma de mostaza. Queda
en la tabla del pecho
un encendido lienzo de amapolas.
Y se aleja otra vez
pensando en alta voz 'todo ha pasado'.

O el sacristán aquel
en la penumbra impune del cuartucho
de aquella Casa de la Virgen,
arrastrando mi mano monaguilla
de escasos nueve años
a la tumefacción de su bragueta. Aquella
textualidad apenas musitada,
amigable a la vez y conminante,
aquellos ojos entornados,
aquellos brazos como
maroma de campana sujetándome,
aquella jerga incomprensible, aquellos

estertores como de quien se muere;
pero no se moría
ni el bondadoso Dios lo fulminaba.
Y aquel momento luego
temido y esperado,
aquel desmayo jadeante,
aquel desistimiento, aquella
mojadura interválica y caliente,
aquel final: lo único
capaz de franquearme
la puerta de salida del infierno.
Y yo, zafándome
del hediondo abrazo, como un loco
escapaba de aquello
y de mi propia mano distanciándola
todo lo más de mí, y me arrojaba
escaleras abajo, salvando en cada brinco
tres y cuatro escalones
hasta verme en la calle
donde poder sentirme como náufrago
que alcanza al fin la playa. Y conseguía
su Jordán bautismal mi desconcierto
en los caños de aquella fuente pública,
su purificación mi mano mancillada
en la frialdad del agua compasiva.
Tras la ablución llegaba lo peor: la mirada
esquiva y genuflexa,
la percepción del miedo, la palabra
como nido de víboras,
el laberinto de la soledad,
el pésimo refugio del silencio
que tanto tiempo y tanto ha gravitado
sobre mí dualidad...

Un día
de nuestras dos sinuosidades
brotará una candela de consenso

y, sin saber ni cómo ni por qué,
en sola una palabra convendremos
en que, después de todo,
no fuimos tan distintos.
El *tú y yo* y el *yo y yo* dejarán paso al yo
y habrá esa sensación inexplorada
como de haber llegado al horizonte.
Pero solo será
la voz de la trompeta clausurando el palenque,
amortizando la contienda,
cancelando una deuda largo tiempo impagada.

Plaudite, amici, concluirás; y yo
completaré *finita est comœdia*.
No estuvo mal del todo —nos diremos—
o que valió la pena,
esas banalidades que se dicen
cuando no hay nada que decir.
Y luego,
cogidos de la mano
y sin mediar palabra, cruzaremos
la última puerta
afrontando el retorno
al reino del Azar de donde un día
salimos para ser pasto del tiempo

INMINENCIA

El viento que precede a la tormenta
ruge en el árbol cuya copa miras
tras el cristal
y en el alféizar encendido
murmuran y aletean
azulosas lobelias, dragonarias
de inquieto carmesí.
Es la hora indecisa
en que inocencia y culpa devalúan
sus perfiles metálicos y nada
del día que declina queda ya por cumplir.
No fíes sin embargo
en el cálido tedio del sofá
que te seda y alberga, no cometas
la estupidez de especular
sobre qué harás mañana.
Mañana es un vaivén que gobierna el azar
lo mismo que tu vida.
Ni siquiera es silencio
el silencio que en torno a ti rebulle
sino pura inminencia
del grito.

Delicado equilibrio el que mantiene
absorto este momento; todo es
acecho y furia apenas contenida.
No parpadees hasta que rompa
el aguacero. Merodea
por la sala un puñal paseriforme,
dispuesto a malherir

la espera,
a desangrar el odre que custodia
el vino de las horas.
Ten paciencia,
late consciente, corazón.
Siente tus manos, alma
asediada, persuádete de ti.
Serás testigo del advenimiento
de la noche, verás
con qué estrépito llega, cómo
triza y devora los espejos
de este día que muere finalmente
de exceso y de sí propio.

Porque —¿sabes?—
la vida
toda y sola eres tú,
espiga insomne doblegada al miedo
que pervives aquí para contarlo.

ETERNO RETORNO

Si a lo que solo es ido llamas muerto,
no habrá qué nombre darle, si regresa.
Pues, si diera en volver,
a su lado de nuevo ¿qué serías
sino temblor, palabra
incapaz de atreverse?
Si muerto, el verbo
que solía nombrarle
carece de sentido. Nos ha sido vedada
toda cosa que un nombre no defina

Ruega, pues, a tus dioses
que nunca vuelva al agua de tus ojos
aquel a quien partir miraste. Yugo
es la nostalgia. Guárdate
del tiempo y sus orillas melancólicas.

Y sobre todo guárdate
de ti que no regresas.

OXÍMORON

Volar como reptiles,
reptar como los pájaros.
Mirar al sesgo nunca,
de frente siempre como el ciego,
perito en lo palpable de la luz,
dueño del resplandor que cela el pozo.
Dar al rostro
mero valor de máscara.
Rendir la vida oyendo
crepitar la fogata de la tarde,
viéndola incandescer. Sobrevivir,
como todo inocente, en el olvido.
Sentido sea
y epílogo la tierra a la insensata
querencia de las alas. Que pronuncie
mi última palabra
quien sepa vincularme a su silencio.
No más decir. Las voces a recaudo
en la tibieza de su nada.
Clausura
en puertas y ventanas. Terciopelo
para los aldabones.

Paz y vida a los muertos.

SER O NO SER

La realidad resbala
como pez en las manos.
Es difícil de asir,
a veces imposible.
El cobarde se funde
en ella, se transforma
en realidad, la habita.
Se libra de remar
contra corriente. Seda
sus miedos. Va pasando,
viviendo: tanto teme.
Se atenúa. Sonríe.
Es aceptado. Va
consumiendo sus horas,
amándose y amado.
No vive, se abandona
a la esperanza muelle
de otra vida infinita.
Ciego en su fe, renuncia
para siempre a soñar,
para siempre a vivir.

COGITACIÓN

Uno en la calle a viva voz
¿Adónde vas? inquiere
y pienso *No lo sé* mientras respondo
lo primero que al caso se me ocurre.
Otro que tal *¿De dónde vienes?* y otra
vez la rutina *No lo sé* y es cierto.
Más tarde el funcionario *¿Nombre?* y pienso
¿Nombre? ¿Qué nombre? mas la boca va
y dice *Pablo* a media voz, no vaya
a tomarme el escriba por imbécil.
Más tarde, fatigado de ir sin rumbo
de una a ninguna parte, me acomodo
en una grada de la calle y miro
a la gente pasar y me pregunto *¿Quiénes
serán esos que van y vienen?,* aunque
más adecuado fuera preguntarme
¿Qué serán?, pues acaso lo primero
que habría que saber es lo que somos
y aun antes si es que somos, duda que
no está ni mucho menos despejada.

Llego a mi casa luego, le echo un ojo
a la ranura del buzón, confirma
mi nombre el rotulillo. Abro con llave
mi exclusiva clausura:
qué bien, ya está el gusano en su capullo
y todo en su lugar.
Venga, venga, a sentir, a especular
lo absurdo y lo probable, a suponer
el aleteo de la mariposa
con que la ninfa sueña en su envoltura.

Ha llegado el momento
de la quietud estéril, del estéril
menester de soñar, de la retórica
de las preguntas, como, por ejemplo:

Estúpida crisálida, ¿Qué haces
remirando el vasar, en qué te pierdes
de la cocina al váter, del salón
a la alcoba, qué buscas, qué no sabes?
¿Tu casa no es tu casa? Ahí los tienes,
acumulados: libros y mentiras,
ficciones, credos, álbumes, cerámicas,
cosas contigo, cosas tal que tú
pero más duraderas. Nada nuevo
salvo tu obstinación en alumbrar
el pozo ciego del enigma.

Vedme
tumbado en el sofá, desorientados
mirada y corazón, empedernido
en fabular lo azul, esa insaciable
vastedad que no existe ni reside
en parte alguna y que, como la luz,
como la lejanía,
rebosa todo pensamiento y cabe,
no obstante, en mi silencio.
¡Ah, como ellas,
ser y no ser, estar
y no ocupar espacio,
resultar viento, música!

Pero una y otra vez respiro y dejo
que me abrume cualquier nonada cuando
hasta el cajón del gato me ha de sobrevivir.
¿Cuánto llegué a creer de veras
de todo aquello que aprendí a creer?

¿No fue lección bastante
la breve llamarada del amor,
la escoria
de su devastación?
Aquí se aniña
mi masculinidad y se arrebuja
en el seno dudoso de la noche...
Acontece la noche como una
resurrección, una ventana abierta
a lo inefable cotidiano,
un aguacero
de filos y belleza diluviando
sobre el naufragio de mis ojos,
sobre este mar que soy de leviatanes
iracundos, sobre este
piélago que mi sangre navega y domestica.
Alguna que otra vez —cálida brisa
y buena madre— aporta
su dulzura la Noche, abre
con su llave secreta la memoria,
libera aromas como aquellos versos
alados que el olvido
doró *¿... fueron sino verduras*
de las eras? Y, súbita,
mi soledad en ellos arropada,
susurrándolos, rinde
la sangre al sueño, el alma a la Belleza...

¿Quién soy
—preguntáis a un apátrida—,
de dónde vengo?
En vano,
locuaces sombras, esperáis de mí
cabal contestación. Aleteando
extramuros de mi mortalidad,

o reptando intramuros
en los hostiles ámbitos de este
de inciertas alas cercenado vuelo,
no conozco sagrado que me valga
ni verbo en que valerme. Sordomudo
nací como quien dice. Y nada sé
de mí.

¿Qué habría
de responder a qué requerimiento
sino el honesto y sabio *No lo sé*
quien alzó en la quimera sucesiva
del tiempo su morada?

CUARTO MENGUANTE

De pronto cualquier cosa da en doler.
Son los años, me dicen, pero el tiempo
no gobierna el dolor.
¿O sí, lejanas lunas
de mis días aquellos?
Volved y habladme, luminarias
del pensamiento. ¿No
desbordábais mis noches
cuando vivir era habitar la médula
secreta del incendio, el alma misma
del fulgor?

Regresadme,
no me toméis a cuenta tanto olvido.
Sed otra vez, al cabo de mis sueños,
palabra en combustión,
volanderas centellas por la más alta hondura
—¿recordáis?— como entonces,
cuando alzaba a lo vuestro
más incorpóreo el vuelo de mis manos
y mi fábula en ellas.
Oh, sí, volved soñadas, viejas lunas,
desveladme la Luz, los inhumados nombres
tras de los que, jugando conmigo, se ocultaba
para al momento aparecer rendida.

Vuelan hoy grávidas mis noches
—líquidas lentitudes,
vilanos al albur de cualquier soplo—,
mis noches agrupadas
en mi costado izquierdo donde late
cansado un corazón que no sosiega.

Y no consigo recordar los sueños,
ni sé por qué anochezco a cualquier hora
del día...

Tarde y en vano
os invoco para contradecirme:
hoy sé que solo al tiempo
se declara el dolor.
Acontecieron decididamente
para quedarse las jornadas
del cotidiano padecer, tan tercas,
tan soportables,
sin otro menester que hacerme compañía
en tanto voy languideciendo.

Sobrevenidas
y no anunciadas horas,
fiscales de mi centro y derredores,
ya ejercéis sobre mí, ya gobernáis
rendido y franco territorio en esta
remanencia que habito.
Allegados y extraños,
cargados de razón y bondadosos,
me piden resistir, me contraponcn
símiles a imitar.
Y podría intentarlo, no digo que no pueda,
pero, mejor pensado, a qué luchar,
si de cualquier manera
Lo Blanco
tarda en cobrar su presa lo que tarda
en vislumbrar la vana sombra
a que la presa su esperanza fía.

ESCENOGRAFÍA

Detrás del maquillaje convenido
de los buenos modales
una legión de sombras desgobierna tus horas.
Lo sabes y lo callas, entregándote
al sueño como quien
ha ganado a la muerte la partida.
Lo malo del insomnio es la evidencia
de tus limitaciones,
más sustantivas cada nuevo día.
Así te ves ahora: sordo
de tanto haber amado la música que amaste,
ciego de tanto haberte
dejado iluminar por las candelas
de la noche. Lo sabes:
no hay horizonte para ti.
Inútil frecuentar el trampantojo
manido de los ángeles. Los ángeles apenas
son eso, una metáfora
de ese Dios de tus padres y del niño que fuiste,
de ese Agujero Negro que te acecha y susurra
tu nombre
a la caza y captura de aquella Fe que un día
decidiste acallar.

Los ángeles no tienen
madre ni engendran hijos:
así, eternos. Transcurren
sombras menudas, mudos
artificios de fuego,
almas vagantes, mínimas

centellas que parecen
nombrarnos al pasar,
cristales amarillos,
amarillas quimeras
a las que damos alas, apariencias
del fantasma de Dios.

¿Vida y alas? Recuento
falaz de lo vivido. ¿Todavía esperando
de rodillas la Luz, nada aprendiste?
¿Aún cavilando aquello del premio y el castigo?
Déjalo estar.
El Dios de tus mayores
es sólo un *leitmotiv*
que terca y quedamente
batalla en ti contra el olvido.

II. DRAMATIS PERSONÆ

OLIVENZA

Mayo estival: cuchillos de lo alto
que aguza el sol de mediodía.
Mañana y cielo azules. Lineales,
sustantivas umbrías trazadas a puñal.
Enlosados y muros albares: geometría
para miradas solas
y solos pasos. Argentea
la luz y me delata: sombra yo. Desmesura
el vencejo plural: vértigo y vuelo.
¿Oliventinos, dónde?

Al amor de la sombra de un viejo baluarte,
alguien alza los brazos, para un coche,
cruzan palabras, se despiden.
Dormita el aire o simplemente
no está. Límpidas calles
y puertas entornadas. Malos versos
en azulejos conmemorativos:
aquí vivió y murió... recuerdos vanos,
trapajones del tiempo, idolatrías.

Al doblar una esquina, una plazuela
súbita y apacible:
tres castaños de sombra palpitando
de pardales y un par de veladores
invitando a la pausa. Una cerveza
bien fría y cuatro frases para el caso
con el mozo del bar. Una profunda
inspiración. Un hormigueo
piernas abajo y un placer
que hace entornar los párpados.

Alas, algarabía,
calma tras la clausura de los ojos.

¿Y los demás, boquiabiertos aún
en la contemplación de la enésima piedra
sillar? ¿Más angelotes sobredorados, más
columnas salomónicas perladas de racimos,
más azulejos, más artesonados?
Cuando es tortura el arte ¡qué tortura!

¡Sombra piadosa, sombra
y olvido compasivo para
mis mártires rodillas,
paz y equilibrio para mis escuetas
predilecciones!
Ya no más *¡Vamos, vamos!*,
no más retablos, no más *horror vacui.*
Que siga la excursión pero sin mí.
Ni un paso más. Me quedo
aquí, pura inacción
bajo el barroco hervor de la pajarería
—único exceso
que hoy quiero permitirme—,
a sestear pausado, pensativo,
irreverente y solo, fabulando
mis naderías esenciales.
No me busquéis, prefiero estar perdido
gozando el titilar de las palabras
—los ojos entreabiertos—
como quien contemplase, absorto, las estrellas
una noche de agosto.

¿Que el tiempo apremia?
Tal vez, mas no mi tiempo. En vano
simultáneos palpitan tu corazón y el mío.

Ríndete, mediodía.
No he de afanarme en otros derroteros
que los que dentro de mis ojos urde
esa mínima llama
de la que nazco y nazco manumitido y fuego.

ÚLTIMAS PALABRAS

Retando al aquilón y a la galerna
así el eterno Ulises divagaba,
encadenado
al malherido mástil de su maltrecha nave:

Librando voy, vencido, mi batalla
final y sin contrario.
A lo Blanco, sorbido por lo Blanco
—donde ha de anonadarse aquel que fui—,
condenado y al pairo voy con mis
fraternales espectros.
En la cruda
horizontalidad de la contienda,
los inertes guerreros fertilizan
con su postrera sangre los prados de la Muerte.
¡Disuélvanse en el humo de la inútil victoria
sus nombres y mi nombre!
¿Qué verbo habrá capaz de definir
las bocas abatidas,
los derramados rostros,
los ojos entreabiertos al nivel de los tréboles,
y sobre todo
su modo peculiar de haber mirado?
¿Palabras? Nada queda
a la espera de un nombre.
¿Vuelta atrás? ¡Para qué, si amordazadas
están las bocas y las manos ciegas
para palpar en vano!
Lo Oscuro
es el ámbito solo que aquí encripta
la anonimia de quienes naufragamos
en pos de la utopía.

Mi querido muchacho,
corre y dile a tu madre que transija, que tome
por marido a cualquiera,
—¡a cualquiera, te digo, porque cualquiera vale
para el Destino!— y que en la soleada
Ítaca todos
festejen el evento
con vino dulce, cánticos y danzas..

Una deuda de sangre con aquellos
que enfrenté a su destino
ha sellado mi suerte.
No hagáis luto
por mí. Me voy sin pena
a transitar la Muerte con mis muertos.

JILGUERO ATADO

Llegado el día,
toda rutina alcanza su desembocadura:
está en su ser.
La vida no se lleva ninguno de sus trapos
cuando nos es arrebatada.
La vida se sustenta en ancilares
reiteraciones
que acaban siendo
como el pan, cotidianas; combatirlas
envenena el empeño de vivir.
Como si no existieran los finales,
en ellas reposamos y vivimos
ignorando los límites
pero, llegado su momento,
todas habrán de verse diluidas
en la abstracción del mar que les concierne.

Anáforas: ensueños,
cifras que nombran siglos,
umbría iluminada
tras cada luna, madre
que da vida a la flor asegurando
así su podredumbre, zaga
de toda tentativa, lágrimas
no lloradas, escueto
discurso de la muerte, todo yo,
todo vosotros, nada:
equipaje y recuento mas ¿para qué partida?

Dado que os vais, razones
que alimentáis el sueño de vivir,

dado que siempre os vais, por Dios, sellad
tras vuestra despedida puertas,
ventanucos, altillos, entrepaños,
alcobas sin amor, cocinas frías,
aliviaderos...
                    que no quepa
ni un cuchillo de viento, ni una gota
de lluvia, ni un adiós.
Que sea
yerma concavidad la casa, mudo
alvéolo, recinto
estéril donde solo alcance nombre
esa postal yacente en el cestillo
de la costura que alguien
un día
mandó desde Den Haag, esa postal
desde la que nos mira un colorín
donde aún titila
una centella mínima que encripta la memoria.

            ¿No podría
la vida, al escapar con sus trastos a cuestas,
olvidar algo allí donde bregó,
algo tal vez como esa humilde
postal donde alentara todavía esa parte
de sí que no se aviene a lo pactado,
ese mínimo trazo de alma que no huye?

            ¡Puede! respondes
desde tu iluminada cartulina,
avecilla total, cautiva pincelada,
silencio modulante
en la oquedad del tiempo,
ámbito y alas sólo en ti cumplidos.

Canta, canta en la nada
que nuestra fuga nombra y acredita.
Que tu silbo desangre
estancias sin memoria, trice
cristales preteridos, apacigüe
desolaciones.
Trina, sí, trina, inalcanzable
atemporalidad erguida sobre todos
nosotros, sobre todas
nuestras muertes. Libera, son cautivo,
de culpa nuestra sombra. Trina, trina,
música derramada, dulcimer
en el agua del sueño, melodía
pintada por milagro:

jilguero para siempre atado y mudo,
razón última y sola
de la existencia de Carel Fabritius.

PUERTO DE LA MORCUERA

Pacíficas pezuñas por las altas praderas
vuelven ámbito humano el ámbito de nadie.
La más núbil ausencia posa en los berrocales
su deshilada hechura. Un dios no literario
ruge por los barrancos su anónima condena.
Y una única música vibra en el lago inverso
del hondo firmamento que, ingrávido, descarga
sobre el alcor insomne sus luminarias frías.

Aquí la voz del hombre no es voz. Aquí la voz
es fuego, viento y agua, un helor primitivo
que no inquieta la danza silente de los muertos.
Pero aquí nada muere, nada aquí contradice
su pálpito elocuente, su fiera geometría.
Todo persiste, todo se reafirma en el tiempo.
Sigue jara a la jara, quebrada a la quebrada,
piedra a la piedra.

El hombre sólo, siervo de su nombre
—adónde peregrino y rehén de su sombra—,
pasa bajo el graznido del águila, sabiéndose
advenedizo y otro. Y va rodando a ciegas
del aljarafe al valle tarareando acaso
para alejar el miedo. En vano, porque aquí
la vida no, ni el vuelo de los sueños; aquí
solo el espino alienta
cuando sobre el silencio un aura persevera.

PROSAS CONFIDENCIALES A JOSÉ A. CÁCERES A PROPÓSITO DEL RETRATO QUE ME PINTÓ HACE MÁS DE CINCUENTA AÑOS

Aquel tiempo que hoy
abrasa la memoria con sus carbones fríos
fue nuestro siglo de las luces.
Éramos. Emergíamos
de una lóbrega noche de légamos y azogues
al falaz vocerío de una victoria inicua
de cuya pestilencia fue cómplice el silencio.

Aquel tiempo fulgía
por el crudo metal de las medallas
y la huera fanfarria de los títeres
desfilando al compás de la Espada y la Cruz
por avenidas secuestradas.
Pero vivíamos
nuestro dorado tiempo paralelo
lejos de la vergüenza y de la herida.
Porque no fueron ellos con sus himnos azules,
ni sus acólitos talares
de rutinario canto gregoriano
quienes nos adiestraron en el arte
de traducir la luz de los espejos.

Fuimos
sedimento inocente,
espíritu y materia de un azar valedor
que nos mantuvo a salvo de filos y salmodias.
Ecos lejanos y maneras
muy otras de mirar nos indujeron

a huir de la sentina
y desertar de la mostrenca grey
a la que nos ligaba un ajeno designio.

¿Cuándo, en qué hora
insospechada nos aupamos
en la ciénaga viva de los muertos, quién dijo
¡vamos, vamos!, quién puso
a nuestro alcance el asidero?

Éramos. Comenzábamos
a ser. Nos pronunciábamos
palabra y desconcierto. Florecíamos
en medio de la nada. De aquel tiempo
y sus turbios cristales dedujimos a solas
el alma de los nombres y su música.
Y de la muda sangre derramada
y las miradas huidizas
donde se gangrenaba la cotidianidad
derivamos la voz predestinada
a revelar los ecos de la melancolía.

¡Gloria fuera haber muerto a la edad de los ángeles!
Pero la rueda gira sin dios que la detenga.
Y aconteció la hora
de transitar la vida y dejar que los años
hicieran a conciencia su trabajo.
Un día y otro y otro: ignotos mares
pidiendo ser surcados
sin límite ni sombra de temor.
Y, ciegos e inocentes como éramos,
nos dimos
al remo y al timón con armas y bagajes.

No diré los naufragios
ni las ciegas y erróneas singladuras; que hablen
por mí las cicatrices.

Alguna que otra vez, en la refriega
de mis vicisitudes,
volvían a la tregua de mis noches
los sesenta y aquel feliz verano
en tu casa de Zarza —¿lo recuerdas?—,
aquel celeste agosto de alas y luciérnagas
llamado a ser umbral
de un largo, largo, largo olvido.
¡Ah, la paz encendida de aquel huerto,
la siesta y las cigarras bajo la higuera grande
y el bisbiseo lúdico de versos y palabras
ajenas
a la ortodoxia y a los diccionarios!

Intuyendo caminos divergentes
a punto de decirse,
te pedí que pintases mi retrato.
¡A ti, que solo amabas
paisajes vislumbrados y azules abstracciones
donde el color y la textura eran
coartada para huir de lo tangible
y habitar sin testigo el envés de los días!
Pero bastó un instante
para entender los dos que el retrato iba a ser
la clausura de un sueño
y el soplo de otro viento y otras velas
para una singladura sin retorno.

Y con él bajo el brazo regresé
—en los ojos tu muda despedida—
a la rutina de mis soledades.

Cómo olvidar
aquel sendero pedregoso
ahogado entre viñedos lineales
que llevaba al humilde
apeadero de Casas del Monte
donde paraba el tren solo un minuto...

Cómo no recordar
que, al agitar mi mano desde lejos
para darte mi adiós, un súbito deslumbre,
un latigazo
en la espalda del alma
me hizo sentir cómo crecía
entre nosotros una distancia innumerable...

Y los años después... cómo volaron
deshilvanando vidas y pariendo palabras
que deformaron rostros y fueron diluyendo
lazos y afinidades...
¿Me creerás si te digo que, aburrida
de tantas deserciones y erráticos destinos,
la Arcadia de un portazo
se largó de mis sueños un mal día
abandonándome a mi suerte?
¡Y la muy puta
remató la faena quedándose a vivir
en el cuadro!

Me miro
alguna vez en él y me pregunto
quién será ese inocente que me ignora.
Aquel que fui —sospecho— sosiega en la pintura,
detenido en el tiempo,
ajeno al trampantojo de los aconteceres.
Quiero creer
que aquel que tú pintaste, viejo amigo,
fui verdaderamente:
mi sueño y el retrato, dos quietudes ancladas
en la rada de las analogías.
Pero, ay, ese fantasma
colgado en la pared, que no quiere mirarme,
es testigo de cargo y fiscal de mi vida,
espectador veraz de mi derrota
y timonel del barco que me trae de vuelta
a una impostora Ítaca que todo mapa ignora.

Dorian Gray a la inversa
he resultado al fin: el insomne cadáver
que hoy estas palabras versificadas pone
a los pies de tu nombre, el asesino
de aquel al que pintaste,
el que tras una máscara de purpurina trata
de silenciar la quiebra de sus sueños.

Y sin embargo, viejo amigo,
debo dar gracias
por los días aquellos convividos,
por tan breve y nutricia comunión,
por la enajenación de aquella urdimbre
donde tejió su red el pensamiento, aquella
llamarada sin fin que ardió como la zarza
bíblica, gracias
por la vívida llaga
que nos hizo sentir transverberados,
únicos y latientes
en medio del gentío.
¡Fuimos, sí,
fuimos! Y tal vez arde
algún rescoldo aún de aquella hoguera
donde hubimos morada.

Hoy, ya viejo, al amor de aquel lejano agosto
que la memoria cela y magnifica,
una y mil veces más bendigo
la dulce sumisión a la inefable
crueldad de la Belleza
y al cegador enigma que ilumina
su visionaria oscuridad:

arduo calvario donde
transciende la existencia y cobra pleno
sentido su decurso.

ORESTES TIENE ALGO QUE DECIR

Todas mis noches son aquella noche,
la última de Egisto y Clitemnestra,
aquella noche a la que para siempre
le fue vedado amanecer.
Nunca se librará mi sueño
de sus rostros convulsos,
estupefactos frente a mi silencio
desangrándose ciegos por la limpia
cisura de sus cuellos cercenados.

Por lo que a mí respecta diré que
no fue mi iniciativa,
ni el clamor de la sangre del padre asesinado,
ni la degradación
de la madre enhebrada al insensato
y acuciante deseo.
Fue solo diversión
de los ociosos dioses el impulso homicida
y la iracunda espada que empuñando me vi.
Un otro en todo a mí parejo,
plantado en medio de la estancia, el brazo
balanceaba grávido de un hierro
segador de dos vidas.
Y se adueñó de la silente alcoba
un insólito instante,
desmedido y ajeno a todo tiempo,
durante el cual la sangre parecía
lo único vivo, desplazándose,
cálida y lenta, por el suelo albar
que tantas veces soportó la tenue
pisada del amor, aquella sangre

rodeando mi atónita escultura
como queriendo interrogarme, como
gritándome *¡Despierta!*
Pero yo aquella noche sólo era
un león solitario y malherido, una
inocencia lastrada
de necesaria y fiera dentadura,
defendiendo su nombre
a la puerta mismísima del Hades. No cabía
perdón ni freno. Era
el reino de la Noche y yo, la hilacha
flotante de su sombra.

De aquellas dos miradas, solo una
no albergaba temor, como si hubiese
largo tiempo esperado mi advenimiento, como
si interminables noches de vela y asunción
de la culpa quedaran preteridas
con mi fatal presencia. Como quien anhelara
desvincularse de su nombre y diluirse
en la anonimia de su espectro, ella
me miró tiernamente, como aliviada, luego
de contemplar armado mi brazo y vengativo.
Llegué casi a dudar cuando el desnudo
y delicado cuello me propuso, rendida.
Pero los dioses
habíanme arrancado el corazón y puesto
un pedernal sin alma en la angostura
que su hueco dejó.

A fin de cuentas, madre,
después de tanto y tanto madurar mi venganza
—temiendo siempre que un azar hostil
dulcificase al fin mi justo encono—,
¡cuán fácil senda halló mi ávida espada!
Frente a la llama de mis ojos solo
tus dulces ojos genuflexos,

la muda sumisión de tu garganta.
¿Deseabas morir, madre? ¿Por qué
ni una palabra, ni un reproche,
ni el instintivo gesto de una mano
tratando en vano de frenar el golpe
del Destino en mi puño? Parecías
suplicarme
                                        Franquéame,
si alguna vez me amaste tanto como te amé,
la puerta de la Noche, pues a eso has venido.
Y no me juzgues; déjales esa carga a los dioses.

                    Y yo
allí, minimizando
tu menuda presencia, traspasando
tus ojos sin preguntas, investido
de mi sombra más negra
—en la mano la llave que abre el ojal postrero
donde alza el vuelo el último suspiro—,
firme ante el regio lecho terminal,
indiferente
al cobarde pavor del ominoso amante
agazapado en vano tras de ti.

                                                            Sé que nunca,
el sueño nunca más gravitará
sobre mis párpados, lo sé,
siempre estarán mirándome tus ojos,
lo sé, nunca hallará piedad Orestes
porque tu muerte y no la mía
fue decreto de un dios.

                    ¿Qué me estará esperando? ¿Debería
encaminarme a Delfos, someterme
a la impostora Pitia,
cebando así la burla de los dioses?
¡A la mierda las Furias y el Oráculo!

Que Micenas me mire envejecer
—rehén de una memoria
que ninguna deidad soportaría—,
recostado a la sombra de un centenario olivo,
con una leve espiga de avena entre los labios,
tarareando
una vieja canción frente al celeste
Mediterráneo.
Y la serpiente
—que algunos aseguran haber visto en Arcadia
aprestando su tósigo para acabar conmigo—
que venga cuando quiera; aquí estaré.
Ya no se ocupa
mi cotidianidad de otro negocio
que la paciente espera
de esa precisa dentellada que
me librará del lastre de la culpa.

Alguna vez,
mientras pasan las horas, me pregunto
si, además de la muerte, portará mi verdugo
algún mensaje de los dioses...
pero
enseguida me rindo a una sonrisa
y acabo respondiéndome
a media voz para poder oírme:

se asombrará de ver cómo la miro
sin miedo ni rencor.

Como tú me miraste.

NÉMESIS (O NO)

¿Solitario y a gusto? ¡Si supieras!
Llevo toda mi vida
consciente suspirando
por que tu voz me alcance y al oído
con solo la mirada me susurre
haz de tu yo insociable mi refugio.

Difícil soy, lo sé, no porque todos
lo digan sino solo
porque lo dices tú. No puedo
ser otro como acaso conviniera. Mi madre
me parió como soy y así era cuando
me amaste. ¿Que fue breve
el amor, que aprendimos
a transitar la vida y poco más?
No somos ángeles
sino supervivientes.
Cuántas lunas habremos mirado decrecer,
cuántos y delicados marfiles cuartearse,
cuántas habitaciones mudas, cuántos
afanes, cuántas vanaglorias
morir de inanición, cuánto silencio
en la esquivez de las miradas.
Es el tiempo quien vive y quien nos vive,
el tiempo y no nosotros. ¿Sabes
lo mejor del rescoldo del amor?
Es habitable, aporta quietud, pone lisura
en el galope de la sangre, adiestra
en el difícil arte de la espera.

Me sobrevivirán
las cinco letras de mi nombre pero
no me definirán; habrá otros labios,
otro rostro animado de su caligrafía.
Y apenas habré sido
mecánico eslabón de un devenir
que no será de mi incumbencia.

Mírame:
el solitario
en que me he convertido acaba cada noche
cerrando el libro,
amatando la luz, arrebujándose
en la mortaja de las sábanas.
Si acaso me oyes bisbisar, no creas
que me acobarda el miedo o que la oscuridad
pone plegarias en mi boca: solo
suplico a mis demonios que no tarde
el dulce sueño en acudir
a desvelárteme.

Ya ves
de qué artificios tiene que valerse
este que crees a gusto y solitario
para perseverar en el espectro
piadoso del amor.

MILAGROS

para Blanca y Javier

¡Este siete de mayo
con sus intermitentes aguaceros
y su velada claridad!
En días como este no está uno
para nada ni nadie, solo espera
que de una puta vez rueden las horas.
Pero el bendito Acaso
disfruta sorprendiéndome. Y así,
sin previo aviso,
hizo llover sobre mi tedio
dos absolutas singularidades:

[1: en la tele
Rainer Werner Fassbinder
y *El matrimonio de María Braun*
mujer sin límite salvo el amor
río tornando viceversa
al alba ciega de las aguas donde
origen e inocencia confundidos
en un único azar no son aún
sino verbo en sospecha
mar de regreso
al hontanar de lo purísimo
con el lastre de todo lo aprendido
presto a ser olvidado...

(no obstante dijo quien que amor es muerte
y quién nos asegura si morir no es tan solo
uno de aquellos nombres
tras de los que al vivir le da por travestirse

si al cabo
amor es muerte y alfa
incluso de la vida aunque también
omega de sí propio sí decidme
quién va a atreverse
a condenar la paradoja siendo
ella misma fontana
de tan insospechado resplandor...)

...María Braun agua no remanso
que torrentera fluye y solitaria
precipitándose a su delta
límite sin mujer mar sin orillas
que asume
debo pagar un precio por cada despropósito
mas convengamos
que si el precio es la vida al fin y al cabo
no resultó tan caro
soñar]

[y 2: en el cedé
la luz de Janis Joplin
tan infantil tan vieja
su cruda voz liberadora
de furiosos arcángeles
asfaltos infinitos en mitad de la nada
sin retorno ni adónde
Me and Bobby McGee
su voz a todo estímulo
maniatada y distante
ensueño voz espejo apenas eco
de algo que fuera voz volviendo a solas
cada noche al hotel y sus pasillos
alfombrados sus cifras
de pulido latón
brillando
sobre puertas idénticas *Cry Baby*

a tumba abierta llora sin testigo
sucia de maquillaje y lágrimas
hipo y sollozo
para empapar la soledad qué tiempo
no es agua residual *Bobby McGee*
dónde estarás te me llevaste y solo
me dejaste el amor solo la herida
cómo duele vivir y tú tan lejos
más allá de la raya
del horizonte luminosa
y qué breve la huella
de tu vida en mi vida y qué profunda
y qué cruel que baste la memoria
para sobrevivir *Cry Baby* miro
estoy mirando Janis
la nieve de tu muerte por qué nadie
contigo en la blancura qué
nos induce a soñar o qué esperabas
no más correr
tras el amor que huye de qué coño
huye siempre el amor quién va a acudir
a beberse tus lágrimas
en la cama deshecha ni qué brazos
de quién para arrancarte
de la avellana amarga de tu sombra
ni qué palabras ni qué boca
dulce *Bobby McGee* dónde estarás
afanado en qué sueño
cantas ahora hipando entrecortada
húmeda sola labios entreabiertos
masturbándote suave y tan dormida
es decir tan al borde de ti misma si él
si él estuviera aquí oh si estuviera
si él de pronto estuviera aquí si fuera
posible que viniese de camino
arrepentido o cínico
ya qué más da *Cry Baby* pasaríamos

follando
toda la puta noche sin palabras
sudor piel animales lentitudes
en llama labios puro
aguacero de labios aquí y allá qué todo
inmenso qué explosión qué boca
múltiple y una
qué infinito morir así en el alma
precisa del incendio
canturreas aún *Cry Baby* susurrando
sin dejar de gemir
convocas al placer pero el placer
anda engolfado en toda lejanía
y no vendrá esta noche a la llamada
de tus dedos de hecho nunca ocurre
el placer sino solo
su mentido reflejo en la desesperanza
de quien anhela
qué cantas a quién cantas quién va a oirte
olvidas que viniste
sola y perdida y rota y sola y nadie
contigo y tan borracha
y tan menuda y sola y un zapato
solo contigo sola y nada más *Cry Baby*
cantas como quien canta mientras va
cayendo en el vacío
solo te escucharán abajo los mendigos
en el oscuro callejón las alas
dónde olvidé las alas necesito
tanto volar dormir
menos mal que lloraste
sin nadie que te viera
antes de aventurarte
por el sopor del cálido destiempo
y sus maternos brazos menos mal
menos mal dulce Janis que tragaste
la píldora del sueño todas

las píldoras del sueño
menos mal que apagaste
tan temprano la luz todas las luces todas
las luces todas
las Janis las muñecas
de la pequeña Janis todo
lo que dicen que salva pero qué inútil todo
cuando cae la noche y una voz absoluta
te sopla y te resopla en el oído
tercamente *no vale la pena amanecer*]

(...me pregunto, no puedo dejar de preguntarme
qué palabra será
la última que hiera tus oídos,
qué palabra sin trazo ni posible escritura,
qué maullido quizá
de un gato desamado y melancólico
hurgando en el detrito
de ese rincón del patio donde cartones húmedos...

me pregunto, no puedo dejar de preguntarme
si no será ese gato el último horizonte,
ese gato penumbra que malvive
olisqueando
los pedos de la vida, si no será ese gato
heraldo del instante que sabemos,
ese gato fugaz que, aun sin conocerte,
es horóscopo y crono de tu nombre...

me pregunto, no puedo dejar de preguntarme
si eres consciente del blancor
que va sorbiendo tu memoria
mientras te vas, te vas como buscándote,
libre por fin del fardo de los sueños,
tu memoria —qué alivio— acariciada
por la cola del gato que porta la segur
con la delicadeza de quien portara un pétalo...

me pregunto, no puedo dejar de preguntarme
si adviertes esa lágrima
final que va rodando hacia tu oreja
izquierda, resbalando por la sien aterida,
si retienes aún el eco de tu nombre
o si, materia culminada, dejas
que siga adelgazándose en la noche,
deshabitados ya
tu tiempo y su metáfora...)

Sí: dos milagros
venidos del remoto país de los milagros.
No hubo más. La jornada
concluyó porque sí dejándome preñado
de silencio y asombro. No hubo más
ni maldita la falta. Casuales
y anónimos, los dioses se acordaron
por una vez de mí. Cómo consuela
de la fatiga de vivir
haber estado vivo en este día
y receptivo a los milagros.

¡Lo que tardé en dormirme
viendo-sabiendo-suponiendo
la cocina fatal,
el gas saliendo crudo y ella entrando...
—capricho del azar, moneda al aire,
ella, María Braun, olvidadiza
y tan feliz por fin—,
...a encender el jodido cigarrillo!

FOTOGRAFÍA

Hay una habitación en mi memoria
cerrada a cal y canto.
Allí tus veinte años, sorprendidos
en su preciso instante y así inmunes
a la injuria del tiempo, se eternizan
mirándolo pasar. En blanco y negro
vives en mí sin mí, desmientes
la insidia del espejo y me enamoras
con tus ojos de entonces
desde lo más recóndito de mis oscuridades.

¿No sabes
que azogue y soledad acaban siendo
candado y rejas de la misma
prisión? No, no lo sabes y aventuras
tu rostro a la mirada de un cristal
que aprendió poco a poco a aborrecerte.
Pero el viejo soy yo que te respiro
intemporal, a salvo de otros ojos,
a salvo del amor que te tuve y que ahora
—de muy distinto modo—
leve subyace y compasivo.

¡Si te atrevieras
a amarte un poco más...! Triza el espejo;
es sicario del tiempo, se olvida fácilmente
de la belleza que retuvo un día.
Yo me niego a olvidar y así envejezco
fundido en la hermosura que exhalaste
en las doradas horas del amor. ¡De aquel aura
respiro todavía!

Cuando la muerte allane el edificio
de mis recuerdos, cuando, calcinada
de sacrílego fuego, la clausura
que abrigó nuestros sueños en el alma
del viento se disuelva, la que fuiste
habrá muerto conmigo y a tus manos.
No requieras entonces
la canción ni sus ecos,
no evoques el extinto clamor de la mirada
por breve tiempo tuya y siempre mía,
no preguntes la luz de aquel tu rostro
ni el cofre donde supe
retenerla cautiva. Tu belleza
habrá ido diluyéndose conmigo en la humareda
residual de la hoguera donde fuimos.
Y serás tú,
súbitamente y tú, como siempre quisiste:
sola, tan decisiva,
a la cruda merced de los espejos,
sometida al olvido tu hermosura.

Y no tendrás más dueño ni más rostro
que ese que intenta en vano tu mirada eludir,
ese que nunca quiso cobijar mi memoria.

POST SCRIPTUM

Volvió del sueño el soñador y, apenas
deslumbrada palpó su ciega mano
la ciega oscuridad, el Unicornio
se diluyó en la sombra.
Y el insomne
no supo qué otra cosa suplicarle a la Noche
sino soga y un árbol donde ahorcarse.

Segundo cuaderno

TRAVESÍA DEL SUEÑO

...La Nada
de Dios
es hoy tu rostro.
¿La vida?
No regresarás.

JAVIER MAGANO

I. AMANUENSE

1

Henchido de su nombre,
resucita del sueño cada día
predispuesto al milagro
(menester
cotidiano: mirarse
sin saberse, mentirse
puliendo convenidas aureolas,
blasones de latón, abandonarse
a fantasías áulicas, vivir
de trampantojos y tramoyas:
todo ese puto olimpo cimentado
sobre viento y arena).

A su debido tiempo morirá
como es de ley morir: severamente,
sin la menor querencia de oropel ni fanfarria.
Aquella misma tarde habrá pasado
delante del espejo sin mirarse:
por una vez no habrá atendido
la invocación de su espantajo.

Nunca quiso asumir que los poetas
—narcisos sordomudos
sin otro credo que la incertidumbre—
transcurrimos a tientas por la vida
escribiendo
palabras
en el agua.

2

Oficio de poeta:
transitar
la utopía, quemar vida y pestañas
al acecho de umbrátiles
palabras que persigan franquear
los ojos de la noche y entreabrir sus postigos,

adormir desde seda
y un algo de penumbra lo excesivo
del grito de la luz,

establecer
morada en la frontera de los nombres
sin concederles
otro valor que el mero de su máscara,

rendirse a la certeza
de las incertidumbres,

abrasarse
de pura soledad,

latir
a contravida...
porque
decidme: ¿con qué arma podremos enfrentarnos
a la Verdad,
a su sangriento dogma y convenido,
a su áulica sevicia, a su hedionda
impostura y añeja satrapía,

sino con la insumisa, la flamígera,
la felizmente ingobernable espada
del Arte
               y la blasfemia
luminosa en que funda
todo Arte verdadero su valor?

3

(Tenéis razón: poco o nada tiene que ver el mar con las especulaciones de un alma que se sabe perpleja espectadora de su derrumbe; pero, ya que tanto sabéis, decidme: ¿qué edificio, por mucho que se afirme en la nobleza de su estructura o en el hormigón y el acero de su sistema nervioso, no sueña o ha soñado o acabará soñando con el grito del agua, las avenidas impasibles del agua, el anárquico e inhabitable corazón del agua donde toda edificación carecería de sentido? ¿Hombre o mujer han de negarse los caminos que conducen a la quimera sólo porque ni ésta ni aquéllos son palpables?)

Aguamarina transitable,
hipocampos absortos
al trasluz de cristales sensitivos,
ojos como al acecho en las hipnóticas
cavidades marinas:
he llegado a soñar
en vosotros la estela de mi nombre,
la ráfaga de luz a que debía
vincular mi destino, mi fe, mi otra manera
de ser.
He buscado en vosotros
con mi palabra la palabra oculta,
el fulgor encriptado que tantos persiguieron
para acabar cegando.
Y no,
no resultasteis
sino parte de un sueño donde fueron
alquimia de silencio lentos peces
y quimeras azules.
Todo al fin
se amortizó sin otra plusvalía
que el eco de su estruendo en la memoria.

¿Qué universo —si ajeno, si soñado—
de su segura irrealidad no ceba
la ponzoña del áspid
que acabará llevándose a los labios?

No fuisteis habitables
cuando os pedí morada, no hube puerta
en vosotros, ni alcoba, ni razón.
Os miraba
surcar los laberintos
del mar, sus fosas abisales,
descifrando fingidos horizontes,
desangrando los nombres con que os iluminaba
para haceros tangibles.
No pudo ser. De cada tentativa
burlado regresaba y malherido.
Y la palabra
se volvía, desnuda, contra mí. Nunca más
fuí capaz de anhelar otro horizonte
que el que hubiera al alcance de mis manos.
Y hube de regresar al cobertizo
donde la convención
es cálida y el pasto suficiente.

¿Perseguí excelsitudes
en la trasvida fúnebre del sueño?
¿Fue poco más que niñería
el trampantojo de las alas? ¿Debe
mi vulnerable arcilla
pagar tan crudamente por haber profesado
la fe del vuelo?
Buscó mi barro
el alma del cristal, quiso las alas
del ángel que soñó
perdido en el torrente de su sangre.

En todo erré salvo en la obstinación
de la luz, esa terca
y sumisa querencia de los límites
que hiende lo lejano azul y lo transgrede
con su quilla invisible.
Bregar en su conquista fue vivir.
Pero me fue negada
la llama oscura
donde la sombras fulgen a la sola
pulsión del verbo y del azar.
Anduve a tontas
y a locas por ahí de caza a lomos
de un fingido narval, un leviatán de atrezo
que los dioses me urdieron
por pura diversión en su tediosa
eternidad.
                    Y hube de verme al fin
desandando camino y aventura,
mano mendiga y ojos genuflexos.

                Allá seguid azules,
lontananzas que fuisteis cercanía.
Infinitas allá quedad y moradoras
del inmaduro afán que os consagré.
Extrañas de mi sueño, en él vivid.
Yo debo proseguir —gris y exiliado
del edén submarino y a la vacua
muchedumbre del tiempo reducido—
tratando de encontrarle sentido a mi deriva,
a solas y conmigo, devorándome.
Náufrago al fin
                        mas no del mar
donde indagar soñé los anónimos rostros
en que la trama de mi nombre
creyó cobrar coherencia y contextura.

4

Con lo puesto no más amaneciste
de la precaria vida de tu madre
a la inédita tuya.
¿Y a la postre qué fuiste sino
centella desprendida
de un rayo casual, sangre restada
de otra sangre, impaciencia reclamando
la claridad del aire y su aventura?

Otros por ti bregaron y sufrieron,
rehenes de una ley no promulgada,
sin sospechar quizá que apenas fuiste
el quebrado cristal que reflejaba,
como un eco, el estrago de sus vidas.

Luego creciste como crece todo,
conociste tu nombre y procuraste
cebarlo sin mesura —era tu nombre—:
y se volvió insaciable.

Más tarde sucedió
la vieja alquimia del amor que siempre
se nos promete nueva y exclusiva.
Y de la mano del amor advino
otro nombre a tu nombre y pretendiste
fundirlo con el tuyo
pero no era
tu nombre y navegaba con sus alas
su piélago celeste como tú
con las tuyas el tuyo.

Y dedujiste,
no sin consternación,
que es impar todo vuelo y se evidencia
en los carbones fríos del espejo
al que nos enfrentamos cada día.

Así que envejeciste
preguntándote
¿Somos
parpadeo no más de un Ojo indivisible
que nos excede, chispa de un Fulgor,
minúsculo cociente de la estela
de esa Estrella fugaz que eternamente
circunnavega la infinita Nada?

Un día, bajo el peso de una noche
—como tantas— en blanco, te verás,
sorprendido y desnudo, golpeando
la gran puerta de hierro que separa
del Frío inexorable.
Vete reflexionando
qué respuesta darás al ventanillo
cuando inquiera *¿Quién llama?*
¿Qué le dirás: tu nombre, los estériles
postizos que le fuiste incorporando,
el otro nombre que aportó el amor
y no supiste amar ni conocer?
¿Con qué palabra cumplirás la página
en blanco de tu vida cuando quieras
concederte sentido, cuando acudas
a tu trastero a recabarte y veas
que no estás, que hace tiempo que no eres
sino la costra que dejaron
las heridas en que te desangraste?

O, dicho de otro modo, ¿qué palabra será
bastante a definirte cuando asumas
que has acabado siendo
un abalorio más entre tus abalorios?

5

Pasó
lo mejor de su vida persiguiendo
la oculta vía de las aguas. Fue
paciente en el análisis
de los cielos mutables, observó
con abnegada calma el movimiento
de los astros inmóviles, supuso
en ellos senda verdadera
al germinal oscuro que custodia
bajo setenta llaves el enigma.

Sosegados los bríos
de los jóvenes años y frustrado,
abjuró de la vana observación
y —Quijote o Menipo—, cuesta abajo
la rueda de su vida, el ejercicio
de mirar las estrellas derivó en la locura
de darse a cabalgarlas, con el sabido fruto
que suele reportar tal desatino.

Viejo ya y extinguida
la lumbre de sus ojos,
buscó reposo en el sosiego
de aquellas alacenas interiores
que recordó de pronto haber tenido;
y profanó sin fruto sus ciegas celosías.

Y, unos segundos antes de escuchar
el aldabón escueto de la muerte,

vino a saber
que dentro de sí mismo, en los veneros
cifrados de su sangre, en la recóndita
iteración del pálpito, desde el primer vagido,
le había estado habitando
—virginal y expectante— la Palabra.

6

Ese poema
que te niega su rostro
certifica tu ruina y tu descrédito.
Nunca lo acabarás porque te puede el vínculo
con que la realidad te domestica.
¡Rebuscando palabras
como si eso llevara a alguna parte,
escribidor colérico!
¿No sabes
que las palabras huyen de quien pudo y no quiso
transgredir el cristal, anonadarse
—desnudo y sometido—
bajo el fulgor del trasgo que gobierna
el lado oscuro del espejo?
Mírate
maltratando la mesa,
gimoteando
¡Éste soy yo, palpando la nada como un ciego!

¡Y qué, si fueras ciego!
¿Has olvidado
que hay que cerrar los ojos para ver las palabras,
desdeñar lo evidente, envejecer
contra la realidad?
Pisa de nuevo,
desangelado lucifer, praderas
interiores, indaga
el hontanar que sabes, su frescura,
paladea otra vez
el vino del silencio que susurrando lleva
dulcemente a la muerte.

Y pregúntate luego
dónde pudo quedar extraviada
la Luz de la que fuiste portador.

7

Lo por venir no está en los libros,
ni el ayer. Van y vienen
palabras, espejismos que libera
la fiebre del deseo
o la nocturnidad que sorbe cada día
y hemos de transitar como quien ve.
Pero todo es inútil.
Este poeta escribe porque ignora,
sacude
sus fantasmas, pregunta
por su nombre de pila a las paredes,
convoca
desconciertos y asombros en estilo arcaizante:
máscara y artificio.
¿Y para qué?
¡Si el árbol da su fruto y no pregunta!
Lo por venir no es nada.
¿Y el ayer?:
un territorio despoblado.

Este poeta
pretende que los ríos
regresen, que remonten su deriva,
que vuelvan a nacerse en su alfaguara.

Basta. No más locura. Que desfilen
por la mirada lunas y estaciones,
ríos hacia la mar,
criaturas a su liberadora

muerte. Que alcen la voz
las piedras mudas y le griten
al poeta

¡La patria
de la palabra es el silencio!

8 (poeta al desuso)

En esta lengua santurrera y puta,
inagotable y complacida madre
de nigromantes pajilleros
—aunque arquitectos, eso sí, preclaros
de la palabra, a juicio del momento
y sus amanuenses—,
un acaso albañil, afecto apenas
al tiempo literario de sus ojos de barro,
rumia su hartazgo y lo reviste
de verbo decadente y obsoleta hermosura
a partir de un latín que intuye cuanto ignora.

Con qué por que callar y un par no más de amigos,
viene y va por su vida como aquel que navega
para dar en volver cuando nadie le aguarda,
que es como no volver. Advenedizo
en toda concurrencia, presupone
que habrá olvidado amar y así despacha
cualquier desafección y así envejece
culpándose de todo y perdonándose.
¿Leyó a destiempo y no lo conveniente?
¿Fue verdugo la música
de la palabra?
¡Y qué!
Cuando anochezca
concluirá que la culpa sólo es humo
y se abandonará
a la misericordia de un espacio mentido
—humo él también—
donde el eco será lacayo de su nombre.

Voces notables oye que le invitan
al corro de los áulicos, a la literatura
dorada de los años que le tocó vivir
como en morada ajena.
Mas, aunque sabe y halla razonable
que va a morir inédito y oscuro,
no está en su ser cambiar ni en su deseo.

La soledad —se compadece— es siempre
un lugar apacible si uno sabe
convocarse en sus otros.
¿Qué más es necesario para darse a la espera
de esa racha de viento de ese día
en que cagará el Cero la bazofia
con que la vida fue cebándole?
¿No es todo ser deriva
precisa de su origen y el retorno obligado
a ese origen la Noche?
¿No es la inminente aurora
luz que no ha de alumbrarle?

¡Tiempo
sin tiempo y sin nosotros: qué celeste
blancura, qué absoluto
y qué acabado círculo, una vez
selladas las fisuras
que el flujo le causó de nuestras vidas!

Él entorna los párpados
para sentirse agosto y escuchar sin testigo
la tormenta de cada atardecer.
Se acoda en el alféizar de la húmeda ventana
—de par en par abierta como un sexo consciente—
a diluirse en la fascinación
del acontecimiento de la lluvia

y sus aromas liberados. Brega
con una frase afortunada sobre
la incertidumbre del momento
que tejerá después en versos blancos
tan impecables como prescindibles.
Se dice *¿Para qué?* sin concederse
respuesta. Y en el ágora
del ocaso se sabe
Ícaro como aquél, supeditado
al falaz artificio de las alas.
Y mira
volar su inanidad fuera de sí
por sus adentros:
pájaro al fin ganando su acomodo
en lo recóndito del árbol
donde seda su infierno la Palabra.

II. TRAVESÍA DEL SUEÑO

ARTIMAÑAS PARA CONCILIAR EL SUEÑO

Tal vez pudiéramos
convenir que la noche es solamente
y exactamente la mitad del día;
pudiéramos tal vez y nos engañaríamos;
porque la noche
es un desfiladero que distancia
los ojos del espejo que los mira,
el filo de una espada que cercena
la luz,
un bosque despoblado
donde el espectro escapa de nosotros
para multiplicarse.
Nada ni nadie reina
sobre la noche.
Ella sencillamente
existe y es. Nosotros navegamos
sin gobierno por ella
como el instante por la infinitud,
perdidos y a merced.

Por lo ya dicho
y lo que se dirá debiera confesaros
que estos prosaicos versos
no constituyen un poema, son
mera palabrería
de un remedio casero contra el insomnio,
una sencilla tabla de ejercicios
para engañar al sueño;
seguirla o no maldito
lo que puede importarle a la poesía.

Porque el mal se prevale
de toda circunstancia es necesario
emprender la aventura
de la noche con ciertas precauciones.
Para empezar,
abandónate al lecho
como a seno materno, lentamente,
desnudo, confiado, deslizándote.
Deja caer tu peso como lluvia
en un erial y siéntete
desarmado, final, como sin ti.
Decúbito supino —o prono, tanto da,
esto es solo el comienzo—, brazos en paralelo,
en longitud las piernas, bien tendidas
y un algo separadas, y los pies
al encuentro, como si los pulgares
trataran de abrazarse.

Piensa ahora en los juegos infantiles.
Las piernas son tijeras. Muévelas
al centro y a los lados, al centro y a los lados.
¡Qué delicia
las sábanas mimosas por el uso!
Escúchate las piernas
cómo cortan el aire
de la suave tibieza que te circunda. Pon
a tamborilear los dedos de las manos
al son de cualquier son que se te acuerde.
¡Música muda en el silencio
mágico de la noche!

Ha llegado el momento
de dedicarle un poco de atención
al desvelado sexo. Dulcifica
de tus manos la más experta y dásela,
la está esperando, sóbalo,
sóbalo sin pudor y sea lo que Dios quiera

—que será lo de siempre—. ¡Te imbuyeron
sobre el particular tantos embustes!
Mueve tu inconfesable fantasía,
sé transgresor gozosamente y déjate
vibrar hasta el derramamiento.
Sentirás el dulzor de la distancia
que te va separando de tus perversos ángeles.
Ámate y compadécete. Ahora mismo no hay
nada entre tú y tu nombre. Sé
tu cómplice y tu dios.
Arde, líquida luz, funde tus límites.
Bendito seas, animal celeste:
húmedo y vulnerable como un recién nacido.

Y ahora préstame toda
tu atención. Si por suerte
tienes un corazón que soporta tu peso
sin tocar a rebato, vuélvete
sobre tu lado izquierdo, aleja
de ti ese brazo cuanto puedas, como
si ya no fuese tuyo, déjalo
desterrado y marchito, paralelo
a la almohada. Dóblalo
después sobre tu cuello de manera
que la mano yacente repose en él y olvide.
Flexiona luego suavemente
la pierna izquierda
hasta el ángulo recto o casi; trae
sobre ella la derecha, despacio y estirada,
haciendo que repose la rodilla
en la concavidad del pie contrario,
tal doliente cabeza en almohadón de pluma.
Oirás tu corazón cómo palpita
en tu mano derecha que antes habrás dejado
presa y dormida
en el cálido cepo de los muslos.

Así
conocerás tu cuerpo en paz consigo
mientras notando vas cómo te alejas.
Todavía serás levemente consciente
de que algo late en ti
pero una honda inspiración dará
finalmente contigo en una ausencia cósmica
donde ingrávido irás ajeno de tu nombre.

La ventana entreabierta
no lo está para ti, ni los visillos
que la brisa nocturna hincha y conduce,
velámenes surcando mares ilimitados.
Es la hora del olvido.
Nada de ti está lejos: tu ropa en la butaca,
a los pies de la cama tus zapatos,
tu reloj de pulsera en el bordado lienzo
de la cómoda. Nada
de ti es lejano excepto tú que vas
desnortado por otras lejanías.
Sin asombro aparente te visitan
espectros que trataba de velar la memoria:
los pasos de tu padre trajinando
en el desván, tu madre
viniendo de los caños, cántaro a la cadera,
tan jóvenes los dos y tú, ya viejo,
mirándolos;
la excursión de aquel día de finales de mayo
y aquel enorme roble secular
a cuyo pie manaba, purísimo, un venero
de agua apenas sonora, aquella poza
poco más grande que la mano
y tú, tumbado allí sobre helechos y tréboles,
tercamente afanado en atrapar
en el cristal tu imagen fragmentada,
tu quebrada inocencia...

¡Oblación ritual la que se oficia
en las aras oscuras del destiempo:
sacrificiales vides bajo cálidas lunas,
racimos en ofrenda para la comunión
del durmiente, lagares
donde pisar la soledad y el fruto
inerte de los días dilapidados, mosto
azul y manantial para aliviar la sed
de la melancolía!

Inevitablemente sin embargo
con el primer albor
tocará tu aldabón la vida y toda
la densidad del sueño se habrá desvanecido.
Demonios que no duermen
rescatarán tu peso y tu mirada
y con ellos vendrán a amanecerte
tus heridas abiertas y tu nombre.
Regresado a tu carne
mortal, intentarás inútilmente
recordar el color de aquellos ojos
que te miraron en el sueño,
las palabras oscuras que cruzaste
con tus queridos muertos en el Nunca
Jamás de la otra cara del espejo.
Y algo en ti advertirá
que despiertas un poco menos tú
cada vez que amaneces.

Ya vertical y en uso de tu nombre,
lo cotidiano
transitará tu vida.
Cargado con tus bártulos,
malherido de viejas esperanzas,
contigo irás andando la jornada
junto a otros invisibles.

Y, cuando la behetría insoportable
de inanidad tan múltiple te rinda,
regresarás de ti con las manos vacías
y el corazón confuso y despoblado
a la falaz querencia de otra noche y la misma.
Alfa y omega
acechándote aguardan tras sus velos hostiles
que habrás de navegar inútilmente
como todo el que tiene por puerto el horizonte.

¿Sabes lo que hay que hacer? Si lo olvidaste,
vuelve al principio de este memorándum
y lee con atención lo que en él se prescribe.
Y recuerda lo dicho:
esto no es un poema.
Dulces sueños.

ARDE LA NOCHE

a)

Ya no soporta más el frío
la mano no arropada que dejé
a la intemperie del embozo.
Sabe que tiene
nido blando y caliente entre mis muslos.

Si no durmiera yo, si el pensamiento
no estuviera a otra cosa, te traería,
mano, al redil de la entrepierna, pero
no estoy en mí, no estoy.
No me hagas regresar,
ahora no, déjame.

¿No es mejor esperar pacientemente
a que amanezca,
dejar
que el tiempo haga sus números?

b)

La entrepierna no duerme
ni espera. Todo
lo que fue asunto de la luz ha ido
desvaneciéndose,
todo perfil callando. Vela sólo
el impudor del sexo,
menhir airado que desmiente
la horizontalidad del sueño.
Y tórnase la noche
edredón y avispero, calor e impunidad,
depravación y privilegio: pura
regalía de dioses.

Una mano
regresa del exilio, va, sumisa, al encuentro
del poderoso imán que la convoca
y, predispuesta al tacto y al dual soliloquio,
ase el fálico centro y se deja llevar.
Y milagrosamente se va configurando
un Coño sideral
que, moroso y ubicuo, se descuelga
del cielo incandescente de la alcoba
dejando transformada
la cripta de la noche en paraíso.

Hierve el insomne, fulge
en su turbada ausencia
bajo la irrealidad de la hendidura
que sobre él diluvia destilando
hidromiel de azahar sobre sus labios agri-
dulcemente dormidos.

Y, soñando el sabor
de aquella fruta abierta y palpitante,
se rinde a la epilepsia
del bálano en el cepo de la mano.

Espasmódica, el alma se diluye
en la ignición del vértigo
y, médula ella misma de tanta behetría,
de sí propia es crisol donde se funden
y confunden hasta la consunción
alma, potencias, derredores, fuentes,
volcanes, metafísicas y dioses.

Y luego, disipados
el humo y el clamor de la refriega,
sueño y silencio afloran sin hacerse notar.
Y en este punto
una mano sin rostro
cierra sin ruido la cancela de la noche.

c)

Tras el violento vómito
del volcán y su lava,
¿qué me queda
sino flotar,
volverme lejanía, abandonarme
al duermevela de la ingravidez,
sentirme y no sentirme,
saberme
vacío y por nacer, mirarme
como me ve el azogue,
irme sin duelo
por los veinte afluentes de las extremidades
hacia mares apócrifos
y dejar que el olvido se apodere
de nombres y palabras?

d)

Sábanas encendidas amortajan
lo que dejó el orgasmo:
cavidades
rebosando de ilesas lejanías, palabras,
rostros que pasan yéndose, susurros,
humedades vertidas, rostros
que pasan y regresan...

Y el corazón negándose
al devenir del sueño, palpitando
con ritmo y desmesura
sobre mi brazo izquierdo que no quiere
alejarse de mí.

y e)

El sueño al fin,
el sueño
húmedo y despoblado, el absoluto
cero de la quietud, el epicentro
de toda simetría.

Qué buen momento para bien morir.
Ya no más días con sus noches.

Mas justo en este punto, amortizada
la madrugada y franco su fielato,
se hacen sentir desde la lejanía
los heraldos de Eos que llegan al galope,
espoleando
sus rosados y áulicos corceles.

III. LO BLANCO

1

El tiempo
se detiene en la almendra de la noche,
es muda opacidad
que no permite tránsito,
                                        se alcoba
en el desvelo del durmiente,
le tunde y desocupa,
encabrita sus potros y los deja
sueltos a su locura y sin gobierno.

Una y otra vez pasan y patean
el campo de batalla de mi espalda
herraduras marciales,
pezuñas y relinchos, belfos
babeantes, terríficas miradas,
ijares
desangrándose vivos de una espuela
insaciable y sonámbula.

2

Mira el insomne
con ojos que no miran.
Horas blancas escribe
con letras blancas una mano
que parece ignorarnos.
El silencio
ondula en los visillos,
suspirados del beso que se cuela
por la breve hendidura del cristal entreabierto.

Se diría
aliento que sorbiera una vulva sedienta
de latir,
se diría
aroma de unas alas
sobrevenidas,
se diría
brisa que empreña
el velamen suavísimo que mece
la nave de los sueños.

3

No estar estando, ser
extramuros de mí otro, sentirme
conducido extravío, timonel
al gobierno de un sueño delirante,
esquife a ciegas
surcando lo infinito,
zahorí de la memoria y sus arroyos
soterrados, cautivo vinculado
a la diafanidad del vuelo, arbusto mínimo
en la inmensa penumbra donde cela
su alzada soledumbre el oquedal,
alevilla sumisa concediéndose
al resplandor letal del fuego que la invoca,
trino abisal.

Ser tanto, tanto, tanto,
y ser a un tiempo nada.
Y no temer.

4

De la fugacidad de una mirada
se nutre la memoria del paisaje.
Tórnase multiverso el universo
y gira, innumerable,
tras la cortina de los párpados.

¿Qué resplandor no invade
la cripta inexplorada
de un alma acobardada y genuflexa?
¿Es alma
un alma que no espera?
Ojos que no se humillan ¿pueden
aspirar a ser labios? Y palabras
sin perfiles que hieran
¿podrían
ser siquiera pensadas,
válidas para darle nombre a qué?

Es fácil olvidar que la Belleza
es ciega y sordomuda, que no existe
sino en la sumisión y la locura
de quienes la soñamos.
¿Y la Luz, qué afirmar
de la Luz, esa feble candelita
reclusa en la clausura de un puchero
de barro?

La verdadera claridad, si mora,
mora sólo en lo más recóndito de sí,
aborrece el gentío de la luz.

5

Blancura ciega, muela
donde aguza la Noche
sus filos,
madeja de alfileres
cervicales rodando
por el letargo denso de un dédalo sin nombre
que un corazón insomne pretende descifrar.

Adámate y apiádate
de quien en vano duerme y vela.
Enfunda esas agujas y concédeme
un cobijo indoloro
donde evocar siquiera
aquellas lejanías doradas del amor.

6

Blancura, yermo
de mis noches transidas
de espectros aguamares
(míralos
ahí, ahí, ahí, acumulándose,
largura de gusanos traslúcidos, inquietos,
hablándose y mirándome,
como desde el albor
hondísimo de un pozo).

Yo, que no quiero verlos,
aprieto como un crío
los párpados, los dientes
para no verlos, para
no suponerlos, solo que
es imposible huir y ellos lo saben,
lo saben todo sobre mí, se miran,
se dicen algo y luego
se vuelven a mirarme
y yo los veo
—mirando del revés— cómo se ríen
con sus caras azules, no sé, blancas,
caras tiznadas
de blanquísima cal como la blanca
cal de los cementerios.

Y no les tengo miedo, no, es que sé
que los manda la Muerte, esa embozada
que se declara solo
cuando se han ido todos y hace oscuro.

7

No es negra, no;

la muerte es blanca.

Tiene los ojos blancos
como los ojos
blancos
de los muertos.

8

Lunas, iluminad
las cavidades del insomnio, sedme
lisura en el embozo, calidez
en la mano que fuera de las sábanas
abandonada dejo a su desmayo.

Lunas, amables rostros
de opacidad y luz, abanicadme
con el flabelo que hace susurrar la arboleda.

Lunas, mágicas lunas,
lirios lejanos en mis labios, sed
sosiego de mis horas
y demorad conmigo hasta que traigan
los corceles del alba la frescura
de las primeras luces
que vienen a mentirnos que algo empieza.

9

Y tú, almohada,
humedecida
de mis hostilizadas soledades,
amantísima madre
que cada noche intentas acallar
dentelladas y lobos de mis sienes,
entíbiame el terror o libérame el curso
de las lágrimas,
ponme
paños mojados en la frente para
que me sepa querido,
rozado de alas,
déjame
susurros al oído y a los cabellos brisa,
sóplame suavemente
palabras, pon cercado
a los aullidos del silencio,
pon
seda sobre mis párpados transidos
del goteo cruel de los relojes.

10

Madre,
temida y dulce madre,
palabra palpitante en la cal viva
de cada noche de mis noches,
madre
que me devoras y amamantas
con leche y fuego,
¿nunca
me dejarás salir del calabozo
de tu vientre,
me harás
nonato vegetar en la clausura
de tu secreto tabernáculo?

Ah, si supiera
la puerta que me ocultas,
si diera con la llave,
si no se acobardara el corazón,
si se olvidara
de cuanto no aprendió...

...si me atreviese a fabular
un mar de nadie para mi odisea,
un exclusivo mar de vientos favorables
preñándome las velas de esta nave nocturna
que soy...

....ah, si ese mar
me fuera concedido,
...¡y si yo fuera
—absuelto al fin de ti—
capaz de aventurarme a navegarlo!...

11

¿Qué tregua es esta, qué
es esta lasitud?
Casi las yemas
de los dedos del sueño, casi el tacto
piadoso y femenino
de sus azucarados pezones acompasa
la inquieta dormición de quien habita
como yacija de faquir el lecho.

Cuatro esquinitas tiene mi cama;
cuatro angelitos que me la guardan...

Y la memoria
se pone a diluviar, vienen y van
sin control las palabras, sin sentido
casi todas
y es cuando
una pregunta fuera de contexto
prevalece y ahuyenta derredores:

¿Y el amor, incapaz
de recordar por dónde se regresa al amor?

¡Qué responder y para qué, si es
un mar la noche
y el vaivén de sus olas una canción de cuna!

Mejor *dormir, tal vez soñar...*

12

Los insomnes se dan
de bruces con las breves candelas de la noche
y, deslumbrados, vuelven
a creer en la Luz..
Suponen
que no es difícil dar con senda franca
a través de los bosques infinitos
de la noche,
burlar
la fiera hostilidad de las almenas
de la noche infinita,
de las noches
que vigilan el sueño de la noche infinita.

Y se ven como niños
con sus manitas señalando
al cielo de los ángeles
(*¡Soy yo!*
¡eeeh, que soy yooooo!).

Qué tontos:
si los ángeles
están pintados en los libros,
si no nos oyen ni nos miran...

¡si ni siquiera saben que son ángeles!

13

¿No duermes, Noche,
no te dio el tiempo párpados, no cierras
nunca los ojos?
¡Navegando sin fin, bogando en círculos,
sin rumbo ni horizonte éste que iba
a desvelar la Luz!

Crujen mástiles, jarcias, aparejos. Ninguna
tripulación espera qué. No hay
timonel ni gobierno.
Y sin embargo
un desnortado giroscopio acaba
llevando siempre a puerto
la oscuridad y el barco que la hiende.
Es ley de muerte y vida, convención
de las gentes del mar.

Sólo yo, que soporto
el peso muerto de mi náufrago,
persevero en la inercia
de conciliar el sueño y la esperanza.

14

Si hay alas para el hombre,
alas deberá ser esta inquietud
que siento en el barbecho de la espalda
llevándome
como llevase un aura quedamente al olvido
los barcos de la Muerte.

Lo Blanco:
crisol donde final y tercamente
acaban concitándose
toda carne mortal y su seguro
acabamiento.
Allí, sin sangre ni memoria,
indemnes incandescen
a la obligada espera del retorno
al Alma primigenia de solo resplandor
donde fueran otrora
mater humus y semen de un devenir inútil.

De Blanco a Blanco y viceversa
—si hay alas para el mísero—,
aletearé de filo en filo.
Del cuchillo a la herida volaré
y de la herida tornaré mirando
llover mi sangre sobre la marisma
violeta de los muertos, sobre el lento
baldío de los muertos que tuvieron
en sus labios mi nombre.
Zigzaguearé
por el soñado laberinto, por
las mudas callejuelas del aire que transitan

noche y día las almas solitarias, las almas
perdidas y esenciales. Desmedido,
agitaré mis alas ciegas, alas
que me fueron negadas y hube de
fabular cada noche.
Navegaré,
enloquecido celinauta,
—a la deriva como todo huérfano—
a través de la espesa maraña de los días
idénticos, en tanto
se disuelven en bruma y desmemoria
los dioses y las ítacas.
                                        Y ya
no temeré la transparente Nada
en que se desvanece al fin el humo
de los sueños. Y toda
mi alteridad tendrá sentido, todo
mi *ya-no-Yo* se escribirá con tinta
perenne en el envés
inédito del tiempo. Y nunca más
dolor y nunca más amor y nunca más
esperanza. Ser sólo
preñada madreluz a punto de,
luz hija de sí misma,
mero círculo
progenitor de la quimera.

Sin puertas nunca más.
                                        Sin aldabones.

15

Guarda silencio siempre
la Noche. Escucha, sí,
pero nunca responde. Mora en ella
el clamor de la sangre
vertida, la ominosa
mirada de Azrael.

Y sin embargo
hender su verbo y navegarla es fuego
que cauteriza
la herida de vivir,
tortura
que hace habitable el sueño.

Palabra, no amanezcas.

16

¿Duermes, madre, en tu alcoba
lejana, en los lejanos hielos
del cielo de tu Dios?

Si despertaras
aunque fuera un instante y al oído
me cantaras aquella vieja nana
que nunca me cantaste... Necesito
escucharla esta noche de tu boca,
recordar su monodia, retener
en la convexidad de tu mirada
aquellas recitadas palabras con que ibas
invocando a los ángeles...,
ángeles que acudían al hilo de tu voz
y al aromado viento de sus alas
el sueño acontecía.

No los recuerdo, madre,
no puedo recordarte,
no consigo saber
quiénes fuimos tú y yo ni por qué fueron grises
las palabras de entonces y grises los silencios
ni por qué nunca más
volvieron a volver aquellos ángeles
portadores del sueño,
aquellos ángeles,
dorados en su fantasmagoría,
en su desnuda indiferencia,
gélidos y pintados
hasta la extenuación y repintados,

barrocos, gordezuelos,
aquellos ángeles tal vez
ciegos y sordos,

¡vaya Dios a saber si tal vez ángeles!

17

Oigo pájaros
en el árbol inquieto de la noche.
Tal vez
esperan lo imposible, como esperan
mis sienes evadirse del ubicuo
tic-tac del corazón.

18

En vano aguardas,
alma cautiva, el néctar del indulto.
Muchedumbre es la culpa
que acumulan las alas que te diste.
Es hora de pagar.
¿Sabes?
El ángel
ni olvida ni perdona.

19

Palabra, llave de la noche,
niégate al sol, pervive
penumbra en mí, luciérnaga posible
y resplandor
no más
a mi medida.

20

Nochemuerte,
obligada
a volver
y volver
y volver
y volver
a devorarnos
un día y otro día hasta la extenuación
de la materia,
dinos:

si tu razón de ser somos nosotros
y sólo nuestros son los ojos y la música
capaz de desvelarlos,
¿dónde está tu victoria?

ÍNDICE

Segundo cuaderno
TRAVESÍA DEL SUEÑO

Esta obra
se acabó de imprimir
con los auspicios de
Charo Fierro y
Antonio J. Huerga, editores

FINIS CORONAT OPUS